AF338688

DE LA LIBERTÉ

AVANT, PENDANT ET APRÈS

LA RESTAURATION.

RÉPONSE

A M. DE CHATEAUBRIAND.

DE LA LIBERTÉ

AVANT, PENDANT ET APRÈS

LA RESTAURATION.

RÉPONSE

A M. DE CHATEAUBRIAND.

> France ; écoute ce qui retentit à tes oreilles. Les
> servitudes et les humiliations du passé, voilà
> ce qu'on redemande comme légitime ; les
> préjugés de l'ignorance et le culte du despo-
> tisme, voilà ce qu'on préconise comme fon-
> dement de l'ordre social.
> (*Fastes civils de la France*, Tissot, t. 1.)

Paris,

CHEZ LES MARCHANDS DE NOUVEAUTÉS.

IMPRIMERIE DE COETSCHY, RUE LOUIS-LE-GRAND, N° 35.

1831

DE LA LIBERTÉ

AVANT, PENDANT ET APRÈS

LA RESTAURATION.

———

Lorsque je lus pour la première fois la brochure de M. de Châteaubriand, je n'avais nullement l'intention de lui répondre. Naturellement portée par mes opinions à jeter un regard curieux sur tout ce qui paraît en ce moment comme écrit politique, je mis un grand intérêt à connaître celui-ci, par plusieurs motifs, dont le mérite de l'auteur n'était pas le moins vif, mais dont le principal avait pour objet de calmer l'inquiétude anxieuse qui agite

en ce moment tout cœur vraiment pa-
triote, et fait chercher avec avidité un
fanal qui puisse nous guider sur cette mer
sans rivage où nous sommes assaillis par
tant de tempêtes.

Mais, hélas! je n'ai pas même entrevu
une étincelle libératrice. Toutefois de l'esprit, du talent, une chaleur de coloris, qui
prouvent que la palette de M. de Châteaubriand est toujours chargée de ses brillantes
couleurs par le génie qui dicta les pages
de l'Itinéraire et des Martyrs. Souvent
même on ressent l'atteinte du feu sacré qui
seul fait le poète. Mais celui-là ne doit
pas nous servir de phare; et qui veut marcher à sa lueur dans la route politique, ne
peut que dévier de son chemin, même
avec les intentions les plus honorables et
le plus noble cœur.

Oui, il y a dans cet ouvrage des lignes
étincelantes de beautés; mais dans la cir-
constance présente, ne sont-elles pas inop-
portunes? Rien, il me semble, ne part
d'un principe pour arriver à un but con-

cluant; ici, c'est plus qu'un défaut, c'est un inconvénient.

Néanmoins, quoiqu'il ne marche pas d'après un plan arrêté, M. de Châteaubriand traite deux questions dans cet ouvrage avec assez d'intérêt d'une part et d'aigreur de l'autre, pour inviter à la réplique. Rien de plus opposé d'ailleurs que nos manières de voir respectives sur ces deux objets. L'un est l'antique légitimité, l'autre la mémoire de Napoléon ; la première a matériellement survécu à la renommée de sa maison, tandis que l'autre, ayant pris depuis long-temps ses degrés dans l'immortalité, ne sera pas répudiée à commandement par cette fille de la gloire. L'attaquer, n'est donc qu'une insulte sans fruit, et produira plutôt un combat *personnel* qu'une guerre d'opinion.

Aujourd'hui, les masses ont un bon sens général, qui les empêche de se laisser abuser à l'aide des théories d'une vaine métaphysique. Il faut conclure pour persuader, et tout l'esprit du monde ne fera pas croire à une nation entière ce qu'elle ne voudra pas croire.

Il sera donc difficile à **M.** de Château-briand de populariser comme *vérité* une erreur flagrante. La vieille légitimité, s'appuyant sur le droit divin, ne peut plus convenir à un peuple éclairé. Nous avons trop éprouvé qu'avec les rois *par la grâce de Dieu,* nos affaires aussi allaient *à la grâce de Dieu.* Bien loin de pouvoir être *nourrie, saturée* de nos libertés, et en recevoir le mouvement et la vie, la légitimité a prouvé tout au contraire qu'elle ne pouvait ni *ne voulait* contracter une telle alliance. Toutes deux sont étrangères l'une à l'autre. Elles n'ont ni le même père ni la même mère ; et leur origine est tellement dissemblable, qu'elles ne pourront même jamais devenir sœurs d'adoption.

Avec une légitimité élective et toute nou-velle, c'est autre chose. Plus de ressentimens haineux, plus de vengeances à redouter ; plus de ces craintes de réprésailles, qui ont été barrière de triple airain entre les Bourbons et la France depuis leur retour parmi nous. Il y a alors échange de garantie entre le peuple et le chef de l'état, quelque soit le nom que vous lui donniez, parce qu'il existe mutuel besoin. Tout est confiant, parce que tout est jeune; mais la vieille légitimité, rentrant en France, ridée, cassée, donnant le bras à de vieux préjugés en paniers et à toupets, n'était plus pour nous qu'une inconnue ridicule.

L'opinion de M. de Châteaubriand est qu'on pouvait donner des lettres de vie à cette antique personne, en lui inoculant nos libertés. Il admet fortement ce principe, que je voudrais qu'il ne considérât que comme point de départ, au lieu d'en faire la base de son raisonnement. Car, à cet égard, mes idées diffèrent tellement des siennes, que, dans ma *première honte* de me trouver en dissidence avec un homme comme lui, j'ai été au moment de ne pas descendre dans la lice, pour y ramasser son gant.

C'est une question du plus puissant intérêt, de la plus immense importance, que cette question de la vieille royauté, puisque s'il nous était démontré autrement qu'avec de brillantes paroles, que l'ancien pouvoir peut non-seulement exister avec nos libertés, mais les corroborer de sa sanction légitime, toutes discussions seraient closes, toutes querelles éteintes. Car la nation désire trop ardemment le départ du désordre et le retour du bonheur pour ne pas accueillir avec transport un avenir qui lui promettrait d'être plus grand que le passé, non par des merveilles, mais par la certitude du bien public de la France, prouvé, appuyé sur des bases solides; rendues visibles à la clarté d'un jour vif et pur, et non à la lueur passagère d'une flamme phosphorique.

A l'apparition d'une aussi grande vérité, tenez-vous pour assuré que la conviction aurait passé dans l'esprit des plus incrédules, et, qu'une fois convaincue par l'évidence que la vieille légitimité était devenue franchement la mère adoptive de tous ces gé-

néreux enfans de notre révolution, la France
entière se serait fait un point d'honneur de
ne suivre d'autres dogmes politiques que
ceux de ses rois.

Ainsi, dans l'état où je viens de présenter
la question, plus de barrière entre la patrie
et le jeune lys exilé. Il était de droit rap-
pelé dans la terre natale pour y fleurir, y
régner et non pour y mendier une tombe.

Mais, pour traiter ce sujet avec la vigueur
de conviction qu'il demandait, il aurait fallu
que M. de Châteaubriand fût *convaincu* et
il ne l'est pas. Il n'est pas même *persuadé*.
Car il sait mieux que tout autre, puisque
sa main a tenu le gouvernail de ce malheureux navire, que l'antique légitimité ne peut
jamais revoir la France.

Avant d'aller plus loin, je me dois à moi-
même de déclarer ici que mon opinion est
entièrement étrangère à d'autres sentimens,
je puis même dire mes affections. Je respecte, je plains l'infortune si grande des
illustres proscrits. Je ne fais à cet égard
point d'arrangement avec ma pitié et ne

me dis pas qu'ils l'avaient bien méritée. Je leur voue tout ce que mon cœur renferme de respectueuse compassion, si j'ose me servir de ce mot, mais je ne veux plus du vieux pouvoir. Cette manifestation d'une opinion que quelques gens peuvent appeler *double*, est plus loyale que bien d'autres. S'il en est qui ne m'entendent pas, je n'y aurai nul regret. Ce n'est pas pour les habitans du cachot voûté si spirituellement dépeint par M. de Châteaubriand que j'écris, mais bien pour ceux qui comprennent la reconnaissance et un sentiment généreux. J'ai dû le faire, quelque répugnance que j'éprouve à voir troubler ainsi le repos qui doit abriter sous ses aîles un tel malheur, car je crois qu'on lui devait l'hommage du silence. Le silence d'ailleurs est quelquefois une leçon pour les rois.

On s'attendrit sur une grande infortune; mais combien cette pitié nous est imposée et plus forte et plus vive, lorsque l'ouragan brise l'existence d'un vieillard, d'une femme, d'un enfant! On ne pense plus que le vêtement dont le vent de la tempête les a dépouillés est un manteau royal, que leur coiffure était une couronne, quand on les voit errans dans les froides salles désertes d'un palais dont le crime ensanglanta si souvent les murs! loin, bien loin de leur patrie dont ils n'osent même interroger les souvenirs; car eux aussi, les infortunés, eux aussi ont bien du sang sur les pages du livre de fer de leur destinée.

Cette position n'est, je le trouve, en regard avec aucune autre. Il y a une telle *positivité* dans leur malheur, que bien que leurs fautes ne soient certes pas douteuses, il me semble qu'il y a une sorte de pudeur à ne pas grossir d'une flèche le carquois qu'on épuise sur eux chaque jour.

Ainsi, je ne dirai pas que ce sont les bêtises, la folie, l'imbécillité du dernier gouvernement, qui ont amené les événemens de juillet et ceux subséquens. Je ne pense pas d'ailleurs qu'il y ait justice; il ne faut pas ici, comme dans beaucoup de

pages de la brochure, que M. de Châteaubriand donne les effets pour les causes. Il
ne faut pas, à l'aide d'une brillante parole,
s'endormir soi-même, et se prendre à
l'amorce présentée. Qu'il veuille bien se
rappeler ce qu'il écrivait en 1797.

« A voir ainsi le Monarque endormi
» dans la volupté, des courtisans corrom-
» pus, des ministres méchans ou imbéciles,
» le peuple perdant ses mœurs..... Des
» nobles, ou ignorans, ou atteints des
» vices du jour; des ecclésiastiques, à Pa-
» ris, la honte de leur ordre, dans les pro-
» vinces pleins de préjugés; ou eût dit une
» foule de manœuvres s'empressant à l'envi
» à démolir un grand édifice (1). »

Ainsi dès-lors il mettait le doigt sur la
plaie et reconnaissait les inconvéniens de
l'absolutisme d'un pouvoir, qui causait
par Louis XIV la ruine des finances,
par Louis XV celle de la morale, et par
Louis XVI celle de toutes choses.

____

(1) *Essai historique, politique et moral sur les révolu-
tions, par M. de Châteaubriand. Londres, 1797, 2 v. in-8°.*

Mais, dira l'auteur de la brochure, où trouvez-vous par moi l'éloge de tout cela?

Eloge n'est pas le mot, il serait d'un insensé, et vous êtes sage; mais comment nommerez-vous ces tentatives répétées tendant à nous convaincre de la nécessité du rappel de l'ancienne légitimité? Vous la jugez donc le meilleur des pouvoirs? Si vous êtes de bonne foi, l'expérience, cette vieille brutale déguenillée, qui en remontre aux plus habiles, ne vous a donc rien appris? Comment, après les maux causés par l'exercice fou, pour ne pas dire plus de ce pouvoir par la grâce de Dieu, vous venez nous le représenter de nouveau! Cette fois à la vérité ce n'est plus sous la figure d'un vieillard infirme, c'est un jeune enfant qu'on tient par la main. Quoi de moins effrayant? Mais cet enfant deviendrait bientôt un géant pour se saisir des rênes et du fouet, fussent-ils à mille pieds, et ne dût-il grandir que pour cela. Nous l'avons vu pour le vieillard de Sindbad le marin, qui tuait tous ceux qui le portaient en se raillant d'eux. Le nôtre octroyait des Chartes en établissant des cours prévôtales.

Non, quelle que soit la forme sous laquelle il se présente, le droit divin est toujours le droit divin, et il est inhérent à l'ancienne dynastie ; jamais vous ne pourrez faire qu'elle abandonne ses prétentions à exercer ainsi une sorte de vicariat au nom de Dieu. Elle le promettra ; elle ne tiendra pas parole. Tous ses membres reçoivent par transmission *orale*, dès qu'ils peuvent entendre un son, cette loi de leurs pères, et plus ils seront vertueux, moins ils l'enfreindront. Le malheur, l'exil, ces maîtres terribles ont été frappés de nullité par cette force d'inertie. L'auriez-vous donc oublié ? Cependant la terre des Champs-Elysées est encore toute noircie du feu du bivouac des Cosaques, et les veuves de juillet n'ont pas encore quitté le deuil.

Mais l'éducation, dira-t-on, peut donner une autre direction aux jeunes idées du duc de Bordeaux.

Sans doute la chose est possible. — Qui ne sait que l'enfance est susceptible de re-

cevoir toutes les impressions, toutes les
directions de pensées ; mais d'abord en ad-
mettant que celles qui lui ont été incul-
quées, ne soient pas déjà fixées dans son
esprit de manière à y laisser des traces
profondes, croyez-vous donc, que ceux
chargés de l'éducation du duc de Bordeaux, lorsqu'il serait de retour parmi
nous, demeureraient long-temps près de
lui? Ce serait une erreur étrange et qui
n'admettrait aucune connaissance de notre
époque. Il y aurait bientôt un réveil de
prétentions dont le bourdonnement vous
assourdirait. Ce serait en vain que, la
nouvelle Charte à la main, le régent, ou
celui qui gouvernerait au nom de Henri V,
répondrait aux prétendans, qu'il n'y a plus
de menins, plus d'enfans d'honneur; celui
qui l'aurait été de Louis XVI ou de Charles X, tiendra à ce que son petit-fils le de-
vienne de Monsieur le duc de Bordeaux,
quand on devrait le fouetter six fois par
jour à sa place. Ajoutez à cela les prétentions de tous les officiers formant le service
d'honneur de la maison de tous les princes,

et vous aurez *une armée*, c'est le mot litté-
ral, venant par ordre alphabétique vous
présenter droits et requêtes.

— On ne les écoutera pas.

— Alors vous ferez des mécontens ; et
voilà de l'opposition, et de l'opposition
tout-à-fait pour un sujet en dehors du
corps politique. Mais bientôt au reste, le
nombre de ces mécontens serait diminué
d'autant de ceux qui seraient enfin par-
venus à reprendre leur position auprès du
prince. Ils y seraient avec leurs préjugés, leur vieille rouille ; toutes ces go-
thiques idées qui, dans malheureusement
trop de familles en France, n'ont pas cédé
la place aux nobles pensées de la nouvelle
éducation.

Tenez, voyez arriver aux Tuileries M. le
duc de Blacas présentant son fils à Henri V ;
demandez-lui, ainsi qu'au jeune homme,
comment il juge la position du jeune
roi, et vous verrez s'il ne vous répond
pas que, selon lui, il n'y a pas deux manières, et qu'il doit gouverner comme
ses pères.

—

Cependant, M. le duc de Blacas est homme d'esprit et d'honneur autant qu'homme de France, et il est parfaitement de bonne foi en parlant ainsi. Voilà pourquoi il aura élevé ses fils dans les mêmes doctrines, et en cela je ne puis le blâmer, parce que toutes les fois que je vois agir d'une manière égale, avec la conscience pour guide, je respecte jusqu'à une erreur. Mais il m'est permis de dire que je ne veux pas l'adopter ni marcher d'après un système qui est diamétralement en opposition avec toutes les idées et les volontés de la France. M. de Châteaubriand nous dit que s'il avait été ministre de Henri V, il aurait appelé autour du monarque enfant toute la jeune France, et qu'ensemble ils auraient été redresser les torts dans cette pauvre Pologne, qu'en attendant ce moment nous laissons si bien saccager cette fois, qu'il est probable que c'est la dernière. Mais dans cette nouvelle France se trouvent de ces jeunes gens qui, malgré tout leur honneur, toute leur bravoure, ne feraient pas un pas vers la Pologne, et cela par ce même honneur. Des femmes qui ne feraient pas de mal à un oiseau, vous chantent, sur l'air de *Charmante Gabrielle*, des paroles dont ne voudrait pas une chanson de 93. D'autres, dans une chambre la plus parfaitement élégante, du milieu de leurs moelleux coussins, vous diront en effeuillant des roses, qu'on ne sera tranquille dans Paris, que lorsque tous les républicains seront pendus. Et pourtant ces jeunes femmes sont bonnes, douces, charmantes; elles remplissent leurs devoirs de mères, de femmes, de filles, avec toute la rigidité qu'on peut demander à la vertu; mais tel a été le résultat de leur éducation. De tout ce qu'elles ont entendu répéter autour d'elles depuis qu'elles sont nées. Cette répétition continue a produit une sorte de monomanie, dont tout le parti surnommé, je ne sais trop pourquoi ultra, est en possession (1).

____

(1) Deux faits assez remarquables peuvent trouver place ici, l'un est le rétablissement des corvées, arraché à Louis XVI après le renvoi de Turgot, qui les lui avait fait

Mais il est peu nombreux, direz vous?—
Je le sais bien et je m'en félicite, attendu
qu'il ne me donne aucune inquiétude maintenant. Mais j'en aurais de vives dans
le cas ou le chef de ce parti reviendrait au
pouvoir, parce qu'il existe entre ce parti
et lui une puissance attractive; et qu'une
fois rapprochés, Dieu sait la belle besogne
qu'ils nous brasseraient.

M. de Châteaubriand a bien sûrement
vu tous ces inconvéniens. Ce qui me
déplaît, c'est qu'au lieu de les discuter franchement avec la nation qu'il interpelle pour
ainsi dire, il cherche au contraire à l'éga-
rer, en lui présentant à l'aide de brillans
sophismes une surface fallacieuse dont il
masque l'objet qu'il veut lui faire adopter, et lui donnant pour amuser son
appétit quelques grands mots de liberté,
d'égalité, même de gloire !! — Qu'elle con-
cession !

----

abolir. L'autre est le refus de faire entrer monsieur Necker
au conseil, et de lui donner, en manière de consolation
ses entrées de la Chambre. Cela dit assez le pouvoir exercé
sur le souverain.

Ainsi donc, pour créer à la vieille légitimité un crédit qu'elle n'a pas, afin de lui donner une valeur au moins fictive, on a senti qu'il ne fallait pas mettre le nom de la pauvre Charte à côté du sien. Nous en avons eu assez d'assurances au nom de la Charte. Mais on fait mieux dans la brochure ; on nous présente le vieux pouvoir appuyé sur la liberté, la protégeant à son tour, enfin vivant tous deux l'un par l'autre. Et dans quel temps pensez-vous que cela se passait ? de 1788 à 1792. Vous ne vous en seriez pas douté n'est-ce pas ? eh bien ! ni moi non plus.

Il est étrange en effet qu'on aille choisir cette époque comme celle d'une union parfaite entre le pouvoir et la liberté ; mais on verra plus loin que c'est également sous la restauration que nous avons été le plus libres depuis vingt-cinq ans. C'est ainsi que le talent le plus brillant peut avoir ses aberrations en jugeant toujours sous l'influence de l'esprit de parti.

Ce fut en 1787 que fut connu la liberté. Ce fut en 89 qu'elle naquit. C'est alors que pour la première fois elle nous apparut fraîche et belle jeune fille, radieuse comme un ange de lumière. Mais quel fut son berceau? le jeu de paume. Son premier temple? l'assemblée constituante. Son persécuteur, son assassin? le vieux pouvoir légitime. Il ne pardonna pas à ce peuple dont elle était devenue la protectrice et l'égide, d'avoir, dès l'origine de sa délivrance, occupé dans le monde une place qui ne pouvait appartenir qu'à lui seul. D'avoir été sublime dans la modération qu'il apporta au premier usage de cette liberté qu'il devait si peu connaître. Au lieu de nourrir ces haines profondes qui enfantent les massacres, au lieu de chercher à savoir quel goût avait le plaisir d'être oppresseur, on le voit au pied du même trône d'où si long-temps il fut repoussé, ne demander autre chose par la voix de ses mandataires que des lois, la liberté de travail, et la propriété d'un champ. — Il y a bien de la grandeur dans cette conduite. Mais qui

donc doit en recevoir l'éclat? on tombe-
rait dans une erreur grossière si on le dé-
versait sur l'autorité royale, qui fut pré-
cisément la cause du peu de durée de la
brillante aurore de notre liberté, et par là
de tous les malheurs qui furent la dévia-
tion et non la conséquence de la révolution.
— Bien plus, à cette époque citée par la
brochure, la royauté quoiqu'elle eût encore le pouvoir d'agir, n'était plus au premier rang et ne pourrait par conséquent
recueillir la louange donnée. D'abord,
était l'assemblée constituante. Puis le
Roi. La première représentait la nation
en ce qui était le tiers, et le Roi, ayant dans
sa main le clergé et la noblesse, étant ainsi
le représentant du régime féodal, devenait
l'ennemi du corps qu'il avait en regard.
Cette observation peut d'abord paraître
étrangère à ce paragraphe, toutefois on la
trouvera conséquente, non-seulement avec
ce qu'il renferme, mais avec tout ce qui
suit et précède, si l'on veut se rappeler que
peu de temps avant l'époque citée, le tiers

s'étant levé, avait compté les têtes et qu'il avait dit :

Je suis la nation !

Au même jour, à la même heure, le premier anneau de la chaîne avait fait ressentir au dernier sa commotion électrique. Un enthousiasme général était dans toutes les âmes, la noblesse, le clergé abandonnèrent une partie de leurs droits dans quelques-unes de nos provinces, et la volonté d'une nation puissante trouva facilement un écho dans le cœur d'un roi qui voulait le bien.

Mais les privilégiés ne pensaient pas au peuple dans le résultat qui devait naître de ce grand changement. Depuis Richelieu, la noblesse avait toujours plié sous le pouvoir royal. Elle voulait l'abaisser, détruire le despotisme ministériel, et sur ses débris élever la puissance olygarchique. C'est ainsi que fut formé le gouvernement occulte et que la liberté fut presque étouffée dès sa naissance, au moment où, médiatrice entre la nation, calme et généreuse dans ses premiers triomphes, et la royauté chancelante, elle venait d'attacher la France à son souverain.

La liberté fut d'abord grande et vigou-reuse ; comme la jeunesse elle se montra confiante ; demanda peu en raison de ses droits : on lui promit beaucoup : il fallait la séduire. Comme la jeunesse aussi elle fut trompée ; le pacte fut violé ; pour l'éluder, on eut recours à tout, même au parjure. Delà les scènes désastreuses qui ensanglantèrent nos villes et nos campa-gnes. Le 14 juillet, le 21 juin, le 6 oc-tobre, le 10 août, cette foule de sinistres anniversaires sont-ils donc l'œuvre d'un peuple libre ? C'est le délire frénétique d'insensés qui ont brisé leurs chaînes ; c'est l'explosion d'une force plus forte que la compression. Voyez à cette même époque, que l'index de M. de Châteaubriand nous montre comme celle où la liberté florissait à l'ombre du pouvoir légitime, voyez ce qui se passait dans sa province même, et cela en 1789, cinq mois avant l'ouverture des états-généraux. Les privilégiés, à la tête desquels étaient les parlementaires, faisaient couler le sang breton dans les rues de Rennes; en lisant la relation de ces scènes déplorables, on éprouve une indignation qui, plus tard, ne fut peut-être pas excitée plus violemment lors des horreurs de Nantes. C'est qu'alors on savait qu'on avait à se garder d'une hyène déchaînée.

Le tocsin de Nantes et de Saint-Malo répondit à celui de Rennes (1), et ce fut

***

(1) Lorsque la jeunesse de Rennes apprit que le roi avait permis que les trois ordres seraient admis en nombre égal aux états-généraux, elle manifesta sa joie et sa reconnaissance. Les privilégiés ne voulurent pas le permettre. Delà les troubles et les massacres qui eurent lieu pendant plusieurs semaines. A Grenoble, l'affaire fut plus grave. Le peuple s'étant attroupé, les soldats reçurent l'ordre de le disperser par la force. Le sang coula de part et d'autre, et des milliers d'hommes furent au moment de périr. L'adresse de la ville de Grenoble au roi est admirable par le ton de respectueuse douleur qui y règne. Jamais la vérité du désespoir ne fut plus grande et plus poignante. Voici la réponse que les ministres dictèrent en roi : « Il est défendu aux échevins de la ville de Grenoble, de convoquer ni présider aucune assemblée, ni

alors que se forma la fédération de la jeunesse de Bretagne. Qu'il était généreux le sang qui scella leur serment! — Il était vraiment noble (1).

Dans l'Anjou, non-seulement cet exemple fut suivi, mais par un arrêté spécial, on voit dans le *Moniteur* de cette époque, qu'à Angers même, les mères, les femmes, les sœurs, s'associèrent au serment de leurs fils, de leurs maris, et de leurs frères.

Tandis que les provinces étaient en proie à un déchirement occasioné par l'effort que les peuples faisaient pour rompre le dernier anneau de leur chaîne, et la résistance apportée à leur liberté par les privilégiés, résistance d'autant plus forte qu'ils se sentaient soutenus par la cour, le peuple renversait la Bastille, et ses

---

d'assister à aucune autre qu'à celles concernant les affaires municipales. » — Voilà quel était l'appareil mis sur les plaies des victimes !

(1) A cette époque, chacune de nos provinces avait de ces fédérations.

représentans achevaient d'établir sa souveraineté par le serment du Jeu de Paume. Mais pourquoi ce même peuple, si longtemps patient, était-il tout à coup devenu méchant et même cruel? Parce que le pouvoir s'étant reconnu volontairement son débiteur, et le contrat n'ayant pas été exécuté, le peuple, créancier peu commode, exigea d'autant plus brutalement le paiement de la dette, qu'il vit dans son débiteur mauvaise foi et mauvaise volonté.

D'où venaient donc ces mauvais sentimens dans une âme honnête, car Louis XVI était bon, vertueux et religieux? Pourquoi violer ainsi la foi jurée et forfaire à l'honneur? C'est qu'avant tout intérêt terrestre, il se regardait comme la sentinelle avancée devant veiller à la gloire de ce droit, de ce pouvoir dont il n'était selon lui que dépositaire, mais aussi dont Dieu pouvait *seul* lui demander compte. Tout erronnée que puisse être cette idée, sa puissance a fait de Louis XVI un mauvais roi; de Charles X un mauvais roi; et son fils eût été de même un mauvais roi, parce que plus ils sont vertueux et religieux, moins ils s'écartent de la route qu'ils croient tracée par la main de Dieu. Après cela je sais bien qu'on se demandera comment il se peut faire que des générations s'élèvent sur des générations, que le fleuve du temps fasse tourner l'axe du monde et que l'esprit d'un père, celui d'un fils, d'un frère, soit là stationnaire, immuable. Les derniers princes de la maison de Bourbon me feraient presque croire à l'existence des fées. On dirait que toutes étant conviées au baptême du royal enfant, elles le douaient de toutes les qualités d'un roi, et puis en arrivait une qu'on avait oubliée et qui disait : *Je ne veux pas qu'il en profite.*

Les fées prennent toutes les formes. Celle-là paralysait ainsi tout ce que Louis XVI voulait faire de bien, sous la figure du génie de sa maison. Hélas! ce n'était pas son bon ange !

Je ne remonterais pas aussi loin dans le passé, pour y chercher de vieilles fautes, si cela n'était nécessaire pour justifier mon opinion. Mais je me suis engagée à prouver que la vieille légitimité est incompatible avec les grands résultats de la révolution, adoptés et voulus par la majorité de la nation. On aura beau dire, qu'on retranchera toutes les formules de *droit divin*, de *grâce de Dieu*, tout cela ne ferait rien au fond de l'affaire. Il y aura toujours, comme depuis le moment où Louis XVI jura fidélité à la Constitution et viola son serment, *un état dans l'état*, dont l'influence sera immédiate et inévitable, parce qu'il tient au corps du vieux pouvoir comme la peau tient à la chair. Les gens qui forment cet état lui diront le matin, le soir, la nuit, le jour, *qu'il est le seul maître;* et, s'il devait chanceler dans cette opinion, ils lui prouveraient à l'aide d'une logique à eux, que sa conscience lui impose l'obligation de n'abandonner aucun de ses droits; et que, pour ce but, tout est permis. Le prélat le lui commanderait au nom de Dieu. Le noble le lui dirait au nom de l'honneur. L'honneur!... Comme si ses voies n'étaient pas délaissées en suivant le manque de foi pour guide?.... C'est ainsi qu'ils ont placé près du vieux trône un spectre sans cesse menaçant entre le peuple et le souverain déloyal. Ne savaient-ils donc pas que, si la trahison, quelque masque qu'on lui donne, est toujours odieuse, même dans le succès, elle devient cause de haine lorsqu'elle échoue?

C'est un des empêchemens les plus réels à ce que le vieux pouvoir fasse jamais bon ménage avec la liberté que cet entourage.

Et pourtant, n'allez pas croire que parce qu'ils pensent ainsi, il faut les mener pendre, ces bonnes gens? Il n'y a pas même l'ombre d'un coquin parmi eux. Ce sont les plus honnêtes personnes du monde. Perrette et son lait, c'est l'histoire de chacun. L'ours cassant la tête à son ami, pour assurer son repos, c'est la leur.

J'ai dans ce moment, sous les yeux, une lettre écrite à Louis XV en 1764 (1). Il y a

---

(1). J'ai rapporté cette lettre pour faire voir combien les préjugés avaient de force et de pouvoir, même à une époque où la liberté encyclopédique était toutes les entraves, et faisait comprendre tout le danger de l'absolutisme.

long-temps de cela; toutefois, alors comme aujourd'hui, on voyait de beaux jaseurs, des frondeurs, il était même de mode d'en trouver à la cour. L'auteur de la lettre avait l'honneur d'en être un. De plus, duc et pair, et, par dessus tout, philosophe. Or, on sait que les philosophes, s'ils avaient des défauts, disaient au moins la vérité, quelque dure qu'elle fût, et quoi qu'il en coûtât. Celui-ci ne fit faute à la coutume. Il adressa au roi Louis, quinzième du nom, et *Lafrance*, premier de l'épithète, une lettre devant laquelle M. de Beaumont et le plus hargneux des parlemens, n'auraient su que dire.

« *Sire, écrivait-il, c'est un serviteur zélé*
» *de votre majesté, qui ose lui présenter la*
» *vérité toujours amère pour les rois. Ren-*
» *fermé dans votre palais, vous devenez chaque*
» *jour plus semblable aux empereurs d'Orient.*
» *Mais, Sire, voyez leur sort..... J'ai des*
» *troupes, dira votre majesté... C'est aussi*
» *leur appui; mais quand on se fonde sur elles,*
» *on n'est plus que le roi des soldats............*

» *Finances, marine, armée, commerce, tout*
» *est perdu, tout est vénal. Vos ministres*
» *sont incapables . Oubliant les maximes de*
» *votre aïeul qui connaissait le danger de con-*
» *fier le ministère à de grands seigneurs* (1),
» *vous y avez appelé monsieur de Choiseuil...* »
Et plus loin, parlant des mécontens, il dit :
« *Les uns, attaquent le tronc de l'arbre, d'au-*
» *tres, les branches. Leurs efforts, sans être*
» *concertés, l'abattront un jour; et le gouver-*
» *nement, miné dans toutes ses parties, peut,*
» *d'ici à* vingt ou trente ans, *crouler avec*
» *fracas..... Un temps viendra, Sire, où*
» *les peuples s'éclaireront, et ce temps peut-être*
» *approche. Faites que l'on ne dise pas de*
» *vous :* Fœminas et scorta volvit animo, et
» hæc principatus prœmia putat. *Il ne*
» *songe qu'à des femmes perdues des sociétés*
» *de libertins, et il croit que c'est là ce que la*
» *royauté offre de plus précieux. Régnez.*
» *Que dirait-on d'un père, qui se décharge-*

---

(1) Ce mot est remarquable, dit par un grand seigneur
lui-même, et prouve combien il était de bonne foi.

» *rait sur un autre du soin de ses enfans ?* »

Certes, il est difficile d'écrire avec plus de vigueur et de toucher la plaie d'une main plus rude. Eh bien ! que croyez-vous qu'il va dire au roi pour conclusion ?

« *Sire, si votre majesté me demande le* » *remède à tant de maux, je lui dirai qu'il faut* » *ramener* LE GOUVERNEMENT A SON PRINCIPE.

Il faut qu'elle gouverne : il faut, que l'on » *sache enfin que les récompenses et les puni-* » *tions, les choix et les destitutions, émanent* » *d'elle seule. Alors il y aura un sentiment* » *uniquement personnel, etc. etc.*

Et voilà comment parlait un grand seigneur, homme d'esprit, éclairé, instruit, aimant le Roi, voulant le bonheur du peuple, mais, il avait sucé avec le lait de sa nourrice, la nécessité de l'absolutisme. Son fils eût été déshérité par lui s'il avait autrement agi. Mais il n'y songeait pas vraiment. Les années n'ont apporté à ces inconvéniens aucun changement, parce que l'éducation consacrait les mêmes habitudes chez des gens qui ne voyaient que des droits dans leurs avantages sociaux. Et les grands seigneurs de la cour de Louis XV, tout en serrant la main de Diderot, écrivant à Voltaire, donnant à dîner à d'Alembert, pouvaient bien ne pas croire en Dieu, mais croyaient fermement au droit divin. *Si veut le roi, si veut la loi*, était alors, comme aujourd'hui, la devise de cette même habitude au nom de l'honneur. L'honneur peut quelquefois déraisonner comme une autre personne.

Louis XVIII comprit mieux que ses frères, que la légitimité n'était pas demeurée stationnaire au milieu du mouvement général. Il se ressouvint, que lors des notables, son bureau fut le seul qui se déclara pour la double représentation du tiers. Mais depuis ce temps-là il était devenu roi. Le mauvais génie de sa maison, la fée Obstacle lui apparut. Elle vint un peu tard. La Charte était octroyée. Mais elle fit rentrer Louis XVIII derrière la vieille muraille de famille. Alors on vit agir cette maligne influence qui

jamais n'apprit, jamais n'oublia rien (1),
et Louis XVIII, ne voyant plus dans la
Charte que les tables de la loi, se mit
à dire :

De mon règne le dix-neuvième.

Il pensait que les épaules encore meur-
tries du sceptre d'airain de Napoléon, nous
trouverions très-doux de n'être plus que
gaulés, à l'aide de *corvées, chevauchée,
saut de poisson, droit de jambage, transport de l'œuf sur une charrette, baiser de
mariée, silence des grenouilles, question
préalable, et enfin voyage sur l'échafaud au
retour des galères pour avoir tué un lapin.*

Mais Napoléon avait un spécifique vi-
goureux pour médicamenter une nation
avant tout guerroyante. L'une de ses petites mains blanches et douces, nous pous-
sait bien quelquefois un peu brutalement,
mais aussi, que nous montrait l'autre ?.....
où nous conduisait-elle ?

Ceux qui en font l'ogre du Petit Poucet

______

(1) Mot de Napoléon.

parce qu'ils lui ont vu des bottes de sept lieues, devraient avant d'en juger, mieux connaître nos positions respectives. — Nous aimions Napoléon, et nous étions un peu comme la femme du savetier, qui dit : *Je veux que mon mari me batte!* (1)

Et puis, si nous suivions Napoléon si docilement, c'était peut-être moins l'effet de la fascination qu'il exerçait sur nous, qu'en raison de la facilité que nous trouvions avec lui, à satisfaire nos appétits gloutons de victoires et de conquêtes. Quant à cela, par exemple, on ne peut pas dire qu'il ne tenait pas table ouverte; et quelque soit aujourd'hui en Europe le gouver-

---

(1) En 1815, M. le duc de Berri passant une revue, un soldat cria ; vive l'empereur ! — Le prince s'approcha de lui et sans lui faire de reproche, lui parla même avec assez de douceur et lui dit : Comment peux-tu regretter un homme qui vous menait d'un bout du monde à l'autre, sans vous payer encore? — Le soldat qui était un de ceux que l'empereur appelait ses *grognards,* regarda le duc d'un air sombre en lui répondant ; Qu'est-ce que ça vous fait si nous voulions lui faire crédit?

nement qui donne tous les jours à diner, il est encore loin de savoir tenir maison comme lui.

Louis XVIII n'a pas bien compris la véritable position de son parti. Il était cependant sous quelque rapport hors de la ligne commune. Mais aussi jamais situation ne fut plus équivoque. Quelque temps avant de revenir en France, il voulut être fixé sur la vérité de notre esprit public, qu'il connaissait mal, on ne sait trop pourquoi. Il prit un nonce dans son arche, et ce fut un Suisse qu'il choisit pour l'envoyer en manière de colombe. Le Suisse vint à Paris, et ce qu'il vit et entendit, lui donna la preuve que *Jacques Bonhomme* était devenu un rude jouteur, et que de trouver en lui un enfant au maillot balbutiant le mot liberté, il n'y fallait songer; mais ce qu'il rapporta de plus remarquable à Louis XVIII fut ce mot d'un homme de talent qui connaissait bien la France : « *Monsieur, dites à Sa Majesté, que si elle*

» *vient chez nous tout ira bien; si elle vient*
» *chez elle tout ira mal.* »

Il y avait là dedans, non seulement les Cent jours, mais les Jours de Juillet, mais ceux de tout un avenir.

Louis XVIII le comprit, mais encore une fois il le comprit mal; autrement il se serait dit, que lorsqu'on va chez un ami, on ne mène pas avec soi des gens qu'il n'aime pas, et surtout plus de monde que sa maison ne peut en contenir.

M. de Châteaubriand, après nous avoir indiqué les trois premières années de la révolution comme une époque de liberté, nous présente la restauration comme ayant protégé cette liberté, la plus entière (il est vrai qu'il ajoute : *à tout prendre*) que présentent les annales de France.

Comme deux pages avant, M. de Châteaubriand met en doute que nous en ayons même voulu jamais, de cette pauvre liberté, et qu'il dit, que bien loin d'avoir été notre idole, elle n'est elle-même qu'une illusion pour nous, bien que ces deux assertions soient assez contradictoires, j'y vais répondre en même temps. La liberté est d'une si haute importance dans les destinées de l'homme, qu'il doit être permis de s'arrêter sur un tel sujet. De toutes les facultés de l'âme, la liberté est la plus positive. De toutes les facultés de l'homme, la liberté est la plus noble; car elle dérive de notre entendement et de notre volonté, et représente toute notre intellectualité.

Je desire être bien comprise. Je n'entends point par liberté, *licence*, et je ne présente pas ici l'homme s'abandonnant sans frein à son libre arbitre, pour n'écouter que ses passions. Je ne prends pas l'homme aux premiers jours du monde. Je le prends dans l'état social, comprenant la liberté comme *pouvoir de vouloir ou de ne pas vouloir après délibération* (1). Et j'ajoute, que

---

(1) « Le pouvoir de faire ce qu'on *veut*, peut s'allier avec » la nécessité : la saine liberté n'est que le pouvoir de » faire ce qu'on veut après délibération. Si l'agent ne déli-» bère pas, il ne se dirige pas; il est entraîné. » (Romi-guières, 1re part.)

comme la liberté n'est pas un choix aveugle; que ce choix est éclairé par la lumière de l'expérience, sans s'arrêter aux exceptions, qui ne feraient d'ailleurs que fortifier la règle, on peut dire, que de cet exercice de notre libre arbitre, ayant éprouvé le bien et le mal, doit surgir la moralité, parce que l'agent libre, qui est en nous, se propose incessamment une fin, qui est celle du bien-être de son maître et du bonheur des autres. Voilà comme j'entends la liberté. Voilà comme je la vois. Voilà comme le temps nous apprend chaque jour à la connaître.

C'est donc ainsi que j'explique cette noble faculté.

Puisque la volonté est libre, puisque l'âme est libre, l'homme est libre.

Cette immortelle vérité, qui fut si long-temps voilée aux yeux des hommes, ignorant le trésor de grandeur qu'ils recelaient en eux, leur a été enfin révélée. Quinze siècles l'avaient obscurcie! Lorsqu'elle nous apparut, chacun releva la tête avec fierté. Tous les Français devenaient des hommes ! Tous avaient aussi un privilège enfin !

Et voilà ce qui ne serait pour nous qu'une illusion !... Non, non. Nous savons trop bien maintenant que la liberté est inhérente à notre nature. Nous l'aimons comme partie de nous-mêmes, et nous la voulons avec cette énergie qui vient de la conviction.

Notre désir de la liberté une illusion ! Comment donc appellera-t-on ses martyrs ? Étaient-ils des stupides, étaient-ils des insensés, ces hommes dont les têtes roulaient sur les échafauds en murmurant encore son nom ? Redressez ces corps décapités. Faites l'appel de leurs têtes, et Valazé, Guadet, Vergniaud, Gensonné, Fonfrède, tous ceux qui accompagnèrent au supplice ces défenseurs d'une vertueuse liberté, vous répondront qu'ils n'étaient ni des sots ni des idéologues. La mort n'a pas étouffé la gloire de leur dévoûment patriotique, et comme leur beau génie, elle dominera toujours sur les grandes eaux du fleuve d'oubli.

Ce n'est pas en apprenant l'histoire de leur pays dans des livres qui retracent de pareils faits, que nos frères, que nos fils se sont élevés dans l'ignorance de leurs droits. Ils les connaissent tous. Ils savent, qu'enfans de la patrie, ils lui doivent amour, respect, obéissance, soumission à ses lois, comme un fils le doit à sa mère. Mais ils savent aussi, que cette mère a des devoirs à remplir envers eux, et s'ils les exigent, qui donc peut les en blâmer? Une chaîne volontaire attachait la France à un homme qu'elle adorait; il voulut ajouter à son poids, et ces anneaux qu'elle-même avait forgés, la France elle-même les brisa. Si donc elle ne put supporter la durée d'un joug que tant d'années d'une gloire infinie lui avait fait aimer, ce n'était certes pas pour plier le genou devant l'illusion du vieux pouvoir, sous les coups de plat de sabre d'un Russe ou d'un Prussien. Notre soleil s'était

obscurci, mais l'éclipse n'était pas tellement complète que nous n'y vissions assez
clair pour nous conduire.

M. de Châteaubriand veut voir dans les
quinze années de la restauration beaucoup
de choses pour le bonheur et la gloire de
la France, que je cherche sans pouvoir les
trouver. Cette liberté dont nous aurions
joui sous elle, et selon lui la plus réelle
que nous ayons jamais eue, est assez pro-
blématique pour me faire douter du fait.
A moins que M. de Châteaubriand n'ap-
pelle libertés publiques d'une nation, la to-
lérance du bavardage de quelques femmes
dans un salon, la possibilité d'aller à Versailles sans passeport, ou quelques com-
plaisances du même genre. Mais si je veux
trouver ce qui constitue la vraie liberté,
ce privilége commun de l'humanité, tout
me répond négativement.

La liberté religieuse d'une très-grande
partie de la France était non-seulement
froissée, mais en péril. Il n'est besoin
que de le rappeler; assez de faits sont con-

nus à cet égard. La liberté d'opinion pouvait être libre, comme je l'ai dit plus haut, dans quelques boudoirs, mais aussitôt qu'un homme manifestait un intérêt un peu trop marqué pour la victime de Sainte-Hélène, quel était son sort? Que M. de Châteaubriand s'informe de plusieurs faits arrivés sous la restauration. Je suis sûre qu'il ne les a pas ordonnés. Je respecte son caractère. Il est honorable, et je lui en ai vu donner des preuves à une époque où elles étaient des garanties.

M. Dupoty remplissait à Versailles une place dans l'administration je crois du château; enfant de la révolution, élevé au milieu de nos victoires, soldat lui-même, il avait pour Napoléon un sentiment idolâtre. Comme dans tous les cœurs généreux, ce sentiment s'accrut encore lors des malheurs du héros, et il devint un culte. M. Dupoty rassembla tout ce qu'il put trouver ayant appartenu à Napoléon, il en meubla sa chambre, son cabinet; l'admirable talent qu'il avait pour le chant, ne fut presque plus employé qu'à faire entendre d'une voix harmonieusement déchirante les malheurs de la patrie et ceux de son ancien chef, car, différent de ceux qui l'abandonnèrent à Waterloo, M. Dupoty ne pensait pas que deux si grands intérêts pussent être séparés; franc, plein d'honneur, il disait hautement sa façon de penser, parce qu'elle tenait à ses affections, et montrait à tout le monde ses trésors : les plus précieux surtout, étaient une collection de portraits de Napoléon, la plus complète peut-être qu'il y ait eu dans ce genre; il l'avait à tous les âges, dans tous les costumes, même vêtu de son linceul, quoique en le regardant son cœur se brisât.

Cet attachement, qui *survivait* à la vie, à la puissance surtout, qui n'avait pour s'alimenter aucun des souvenirs que la reconnaissance impose, faisait certes, sans y songer, la satire de beaucoup de dévoûmens, qui tariffaient leurs récompenses. Cet attachement déplut; il était obscur et faisait du bruit; de quoi se mêlait-il? La célébrité pouvait seule dire encore son avis. Quant à l'obligation qu'on lui en avait, si l'existence en fut long-temps douteuse, la suite en a donné la mesure. On caressait donc un peu les hautes notabilités napoléoniennes et républicaines, cependant cela n'empêchait pas qu'on fusillât le maréchal Ney, Labédoyère, qu'on laissât massacrer le maréchal Brune, et qu'on se trompât d'une étrange façon en condamnant à mort ce brave et vertueux Lavalette à la place de Trestaillon. Mais il y avait des noms que la gloire avait trop fraîchement burinés pour qu'on les reniât; et puis, à tout prendre, ces noms et les gens qui les portaient avaient bien autant à faire à l'état, à la patrie qu'au gouvernement. Ils avaient de nombreux cliens, du prestige, puis quelques habitudes de sire lion qu'il fallait leur faire perdre; mais, M. Dupoty, qu'est-ce que cela?

On lui fit dire de parler moins haut, de chanter plus bas, et de ne plus courir après les reliques, ou bien qu'on lui ôterait sa place; et pour que cela fût plus clair, et surtout plus poli, on le manda pour se l'entendre dire à la préfecture de police.

M. Dupoty était jeune, et la menace et l'injustice ont rarement du pouvoir sur la jeunesse. Il parla plus haut, chanta plus haut, rassembla cent portraits de Napoléon, et comme on le persécutait pour sa cause, ne l'en aima que plus; on fit une visite domiciliaire chez lui; on saisit ses pauvres trésors, ses portraits surtout, et l'on mit LES SCELLÉS sur ses papiers.

On lui ôta sa place; son existence qu'il allait faire partager à une autre fut brisée; peu de mois après il mourut d'une fièvre cérébrale.

Le ministère, en 1824, tenait à faire élire M. Bertin Devaux (1) par le collège de

—————————————

(1) Je me plais à rendre à M. Bertin-Devaux toute la justice qui lui est due ; il est demeuré parfaitement étranger à toutes les intrigues de son élection. M'étant fort occupée de cette affaire, j'ai la certitude qu'il s'y est comporté en homme d'honneur. Plus tard il a fait

Seine-et-Oise. Le préfet apprend que l'un des électeurs, M. Rousseau donne sa voix à M. de Jouvencelle, ancien maire de Versailles, et que portait toute la ville. Des menaces lui sont faites par le préfet lui-même, dans son cabinet; on lui fait craindre le refus de sa carte d'électeur; il est contraint de menacer à son tour; M. de Jouvencelle est nommé; le lendemain de l'élection, un commissaire de police vient ordonner à M. Rousseau d'ôter de son magasin, les armes de madame la duchesse de Berry, sur son refus, il le fait exécuter lui-même. Une première autorité déclare que toute femme portant une robe achetée chez M. Rousseau, sera mal vue chez elle, et la caricature du noble faubourg se conforma à l'injonction. Cet exemple est rapidement suivi. Il en résulte le dérangement

---

tout ce qui était en son pouvoir pour réparer le malheur de M. Rousseau. Ce malheur n'a pas été constant. M. Rousseau a obtenu la croix de la légion d'honneur, que ses services militaires lui avaient fait mériter, ainsi qu'une place dans l'administration de la Chambre des Députés.

(51)

complet des affaires de l'honnête M. Rousseau : en quelques mois un établissement
florissant est détruit; et quoiqu'aimé,
estimé, il est contraint de quitter Versailles
avec sa femme, et sa nombreuse famille.
Il vient à Paris, y forme un nouvel établissement, la vengeance du ministère l'y
poursuit encore. Il sollicite comme répa-
ration, la remise de son brevet; il lui est
refusé, parce que, dit-on, c'est un brouillon,
qui est l'ennemi du gouvernement, puis-
qu'il s'oppose aux élections; sa ruine se
complète; et sa pauvre femme ne pouvant
supporter à la fois tant de malheurs, se tue
en se précipitant d'un cinquième étage.

Je pourrais ajouter vingt exemples
pareils, si j'ai rapporté les deux précédens,
c'est parce qu'il serait aussi par trop can-
dide de laisser attaquer par comparaison
des parties de l'histoire de notre révolution, sans répondre à l'injustice. Il est par
trop singulier, de toujours parler de l'absolutisme de l'empire et de la liberté de la
restauration; je dirai plus, jamais son

gouvernement ne fut indulgent, il ne fut que faible et craintif.

J'aime fort à entendre parler des beaux monumens, des statues, des canaux, des marchés, des quais, de la Grèce délivrée, de la marine recréée, de la prise d'Alger, tout cela fruits du gouvernement de la restauration.

Il faudrait pour y donner toute son admiration, n'avoir pas vécu sous l'empire; ne pas savoir que les plans de ces quais, de ces monumens, de ces canaux, enfin de tous les embellissemens de Paris, étaient depuis long-temps non-seulement projetés, mais entrepris; et quant à la conquête d'Alger, à l'expédition de Morée, l'émotion que j'éprouve, le sourire d'orgueil, qui vient sur ma bouche en entendant les noms de presque tous les chefs de cette armée, me rappelleraient, si je le pouvais oublier, que notre gloire n'a pas perdu tous ses enfans, et les noms de Clausel, de Maison, Bertèsenne, Loverdo, Boyer, n'ont pas attendu la restauration pour retentir sur ce même rivage d'Afrique, et dans nos plaines d'Europe.

La restauration a, dit-on, délivré la Grèce? Je l'ignorais. Il est cependant possible qu'elle l'ait voulu. Peut-être un jour aussi irons-nous délivrer la Pologne, délivrer l'Italie, délivrer la Belgique; peut-être.... Car tout se peut. Mais nous irons comme nous avons été en Morée.

Je n'ai pas encore oublié les cris de détresse de cette malheureuse captive! Assez long-temps elle demanda du secours. Quelle fut notre réponse à son appel? La honte du silence, la lâcheté de l'abandon. Elle était donc bien forte cette surdité de l'honneur!.... Elle était donc bien profonde cette léthargie de l'humanité, pour que le cri de désespoir de toute une nation, ait pu être poussé en vain pendant plusieurs années!... Et vous osez dire que vous l'avez secourue!... Qu'est-ce qu'un secours tardif accordé à des voix qui se sont brisées à force de crier.

La restauration a délivré la Grèce, dites-vous? Oui, je sais qu'elle a détourné le sabre turc de sa tête mourante, avec d'autant plus de facilité qu'elle arrivait quand il était las de frapper. Mais ne l'a-t-elle retirée de la boucherie musulmane, que pour la jeter au milieu des discordes civiles et sous les couteaux de l'anarchie? Demandez aux malheureux, qui ont été forcés de quitter de nouveau leur pays déchiré, dévoré par le chancre des divisions intestines, ils vous diront, qu'ils pensent que le gouvernement de la restauration, d'accord avec les autres cabinets de l'Europe, les avait choisis pour donner une leçon effrayante aux peuples qui voudraient être libres....... Mais cette politique serait trop odieuse, et en les frappant de mort elle nous frapperait de honte. Cependant quel est le sort de ces infortunés?.... A quoi leur a servi ce baptême de sang qu'ils recevaient avec joie en attendant follement nos secours!!... Ah! gardons le silence au moins, et ne disons pas que nous les avons délivrés.

Mais, en voilà assez sur la restauration,

sa liberté et la gloire de ses quinze années. Je ne remonterai pas dans le passé pour ne pas m'arrêter à 1815. Là, sont des souvenirs que tout ce qui porte le nom de Français ne doit pas aborder, s'il veut garder une juste modération.

En même temps qu'il peignait l'époque de la restauration avec des couleurs aussi pures qu'harmonieuses, pourquoi M. de Châteaubriand a-t-il employé ce ton d'une amère ironie, d'une aigreur qui s'échappe en parlant de Napoléon et de l'empire? L'existence de l'empire a été d'assez longue durée, elle a donné des preuves trop fortement incisées de sa glorieuse réalité, pour qu'on ne porte pas impunément aujourd'hui la main sur cette arche sainte, qui devrait être sacrée pour tous les cœurs français. Il serait temps enfin que les petites passions privées cessassent d'étouffer les intérêts de la patrie. Pourquoi tout un parti veut-il donc répudier nos lauriers parce que Napoléon les a plantés? — Mais ils sont bien sanglants! Eh! quels lauriers ne le sont pas? Ils ont, dit-on, coûté des milliers d'hommes à la France? La révocation de l'Édit de Nantes a frappé d'expatriation plus de trois cent mille familles. Parmi ces malheureux, combien y avait-il de vieillards abandonnant le toit, le champ paternel pour aller mourir sur une terre étrangère! Croit-on qu'à l'agonie de ces infortunés, leur cri de désespoir ne raisonna pas avec un éclat plus retentissant au pied du trône de Dieu pour demander vengeance contre Louis XIV, que le boulet frappant le soldat de Napoléon au milieu des batailles? Et quant *aux báillons, aux menotes, aux menus fers,* seraient-ils réels aussi bien que fictifs, ils ne vaudraient pas encore les cages de fer du château de Loches, l'édit sur les chasses du bon roi Henri (1), et les

---

(1) ..... A savoir, ceux qui auront chassé aux cerfs, biches et faons, en 83 écus un 3/2 d'amende, s'ils ont de quoi payer; sinon, et en défaut de ce, seront battus de verges sous le custode, jusques à *effusion de sang.*

Après lesdites punitions, s'ils y retournent pour la

passe-temps de la fleur courtoise de ché-
valerie, qui menait joyeusement sa cour
voir brûler les sectaires à petit feu pour
distraire et réjouir un chacun. Allons,
allons, il ne faut pas non plus tant
crier *tolle* après Napoléon, il n'en a pas
tant fait.

Mais une chose qui m'étonne, c'est que
lorsque nous sentons encore l'odeur de la
poudre de juillet, on vienne nous parler
des coups de fusils du 13 vendémiaire,
avec cette affectation de l'esprit de parti,
qui envenime tout de sa morsure ardente.

M. de Châteaubriand a-t-il donc oublié
ce qui se passa à Paris en 1788, lors du
renvoi de M. l'archevêque de Toulouse?
N'a-t-il donc jamais su, que des jeunes gens
réunis pour danser autour d'un mannequin

---

tierce fois, seront envoyés aux galères, ou battus de
verges et bannis perpétuellement de notre royaume et
leurs biens confisqués ; et s'ils étaient incorrigibles, en-
freignant leur ban, seront punis du dernier supplice, etc.
(*Ordonnance sur le fait des chasses*, du mois
de juin 1601, art. 11, 12 et 14.)

sur la place Dauphine, avaient été, quoique sans armes, frappés, massacrés par le
guet? Le peuple prit leur défense; il fut
également frappé. Il se révolta contre le
guet, avait-il tort? Non sans doute. Eh
bien! la foule se dirigea vers la place de
Grève. Il était nuit; des bataillons cachés
sous l'arcade Saint-Jean, dans la rue du
Martois firent des décharges redoublées et
tuèrent beaucoup de monde. La police fit
jeter les cadavres dans la rivière. Le lendemain le peuple se porte aux hôtels des
ministres, rue Saint-Dominique, exaspéré
par ce qui s'est passé la veille, il veut y
mettre le feu. Deux détachemens des
Gardes-Françaises entrent à la fois par les
deux bouts de la rue, chargent à la baïon-
nette tous ces malheureux et les massa-
crent quoiqu'ils demandassent grâce. Le
même carnage se répétait au même instant
rue Mêlée, où demeurait le commandant
du guet, le chevalier Dubois, et le sang
français coula dans deux quartiers de
Paris.

J'ai cité ce fait parce qu'il est peu connu, qu'il est antérieur aux jours de notre révolution sanglante, et qu'il a eu lieu sous le règne de Louis XVI, l'un des meilleurs rois de la maison de Bourbon. Je ne me permettrai aucune réflexion. J'ajouterai seulement que M. le maréchal de Biron qui commandait alors la force militaire de Paris, mourut peu de temps après cette affaire, du chagrin qu'elle lui causa.

Le 13 vendémiaire ! mais il y a du délire à reproduire sans cesse cette page du registre que la haine tient contre Napoléon ! Si dans cette journée, qu'au reste je lui ai toujours vu déplorer, le sang français a coulé, ce n'est pas sa main qui a ouvert la veine. Les sections révoltées, on le sait, suivaient un mouvement royaliste, que réprouvaient à-la-fois le reste de la France et le gouvernement que son immense majorité avait choisi.

Le général Bonaparte servait ce gouvernement, il lui devait obéissance, et lorsque sa grande âme a été appelée à répondre devant Dieu des fautes d'une vie qui n'eut point de seconde, le 13 vendémiaire n'a pas dû compter parmi elles.

Ceux qui aiment à errer parmi les dates de cette époque pour retrouver les jours où le peuple de Paris tombait sous les coups d'un bourreau, pourquoi ne font ils pas dire une messe des morts pour les âmes des malheureux qui périrent le 3 nivôse? La machine infernale est-elle donc à mépriser parce qu'elle a manqué sa mission satanique, et qu'elle n'a frappé que trois cents hommes au lieu d'en foudroyer trois mille (1) ? Mais Napoléon ne reparla jamais de cet acte infâme; faisons comme lui.

Je demanderai maintenant, pourquoi ce refus de tout repos à sa mémoire, à sa tombe?... elle est pourtant bien loin de

---

(1) Elle fut d'abord mise rue de Louvois, à la petite porte du corps diplomatique, par laquelle entrait le premier consul. La consigne des factionnaires étant de ne laisser stationner aucune charrette et même aucune voiture en cet endroit, elle en fut heureusement éloignée. Si elle y fût demeurée, trois mille personnes périssaient.

nous! que cet éloignement ait au moins le bien de le mettre à l'abri des outrages. Pourquoi percer cette ceinture de brouillards qui entoure l'âpre rocher devenu son éternelle demeure après une agonie de huit années, pour lancer sur la pierre qui le couvre, une flèche trempée dans une amère raillerie ! Hélas! l'horreur de ses derniers jours suffit pour contenter le cœur le plus affamé de vengeance, il m'a bien fait du mal. J'ai tout oublié, tout pardonné, quel ressentiment oserait parler devant une aussi grande infortune ? Ce qui dans lui m'avait offensée est maintenant dans une bière, et la mort solde tous les comptes d'injures. Elle a des poids égaux pour ses balances ; je ne vois plus dans Napoléon que celui qui a fait la France, grande parmi les nations : je suis vaine de lui parce qu'il m'a donné le droit de l'être comme française. Oui, paix à sa cendre, honneur et respect à sa mémoire.

Et puis d'ailleurs qu'avait-il à faire dans la question qu'avait l'intention de traiter

M. de Châteaubriand? veut-il entraver la pensée qui pourrait rapprocher les deux cousins ? Le veut-il faire en attaquant cette grande mémoire avec l'arme du ridicule ? Certes l'entreprise serait peut-être périlleuse. Le colosse de Napoléon est revêtu d'une cuirasse de diamants, et la balle qu'on lui lancerait pourrait revenir au lieu d'où elle serait partie.

Peut-être me suis-je arrêtée trop longtemps sur ce sujet; mais il m'importait de le traiter à fond. J'ai trouvé à cet égard M. de Châteaubriand, ce qu'il n'est pas ordinairement, fort injuste. L'injustice éveille toujours en moi le besoin d'y résister lorsque j'en suis l'objet, et celui de venger la victime lorsque cela ne me regarde pas.

Maintenant il me reste encore un devoir à remplir.

Lorsque je commençai la lecture de la brochure de M. de Châteaubriand, je m'attendais comme je l'ai dit plus haut, à trouver sur notre situation de ces mots magiques qu'il sait si bien dire, et qui endor-

ment les douleurs. Je croyais, qu'il montrerait au gouvernement et à la nation ce
qu'ils se doivent mutuellement. Car elle
est forte leur dette respective, et dans ce
moment l'une est créancière de l'autre.

Je croyais qu'il montrerait d'une voix
dont la puissance est grande, comment
devait se conduire cette France, devenue
tout à-la-fois une jeune nation en demeu-
rant un vieux peuple. Il a toujours été un
de ses fils, et ce moment je l'avoue, était
celui ou j'attendais son témoignage. Je
pensais que son âme française aurait vu
les malheurs intérieurs de la patrie, autrement que sous le jour de l'orgueil et de
l'ironie. On se rit de nous, dit-il?... Oui....
en effet... et nous aussi nous rions de nous-
mêmes.... Quelle joie, bon Dieu! C'est celle
des Goules et des Djinnes dans les tom-
beaux!.. C'est celle d'enfants dans une pou-
drière.

Sans doute son regard habile n'a pas pû
méconnaître entièrement nos misères, et
son index impératif nous les fait entrevoir

dans leur hideuse nudité ; mais, mon Dieu ! nous n'avançons que trop chaque jour dans la conjugaison du verbe *souffrir*, et il y a presque de l'inhumanité à nous faire voir que celui *périr*, arrive à la suite sans nous indiquer le remède.

De la même voix profondément morose, il profère des paroles flétrissantes dont il frappe d'anathème ces hypocrites, ces sycophantes, esclaves aux vingt-cinq sermens, infamie et plaie de notre patrie. Mais il faut que le fouet de la honte soit bien long pour cingler ces hommes-là ; ils se rient de tout excepté de ceux qui jurent plus souvent qu'eux. Combien y en a-t-il de cette sorte, qui du fond de leur *bauge* vous parlent avec une assurance aussi élégante que si leur parole impudente sortait d'une poitrine où bat un cœur honnête.

J'ai conçu toute la mélancolie qui devait suivre un tel jugement. Sans doute M. de Châteaubriand devrait gémir s'il ne voyait dans notre patrie que des événemens et *point d'hommes*. Mais qu'il jette les yeux sur les deux générations qui s'élèvent autour de nous (1). Parmi ceux qui les composent, il en est qui rappellent les beaux talens du forum et de la tribune athénienne; mais de plus que leurs modèles, ils ont L'HONNEUR. Ce mobile magique, ce levier puissant à l'aide duquel on peut soulever des mondes. Avec de tels hommes, tout espoir de grandeur régénératrice n'est pas éteint dans le cœur et l'esprit de ceux, qui, dans le mot *république*, n'ont pas la stupidité ou plutôt la mauvaise foi, de persister à ne voir que 93, dans un républicain, un *Marat* ou un *Hébert*, dans un projet de loi, un *maximum*, et dans un billet de banque un *assignat* (2).

---

(1) J'entends par ces deux générations, les hommes de vingt-cinq et ceux de trente ans.

(2) M. Godefroy de Cavaignac a confirmé mon jugement avant-hier ; depuis long-temps, son beau caractère était apprécié par ses amis et tous ceux qui le connaissent. Quant à son talent, nous savons *tous* qu'il n'avait pas besoin pour prendre ses degrés comme homme remarquable, de celui qu'il a déployé avec un esprit charmant pour démontrer qu'il ne fallait jamais prendre de si grosses balances pour peser des coquilles de noix.

C'est avec de telles erreurs de langage que des préjugés se sont élevés, grands, formidables ! La liberté, cette liberté sainte a subi l'ostracisme! Pour la rendre odieuse d'adorable qu'elle est, on nous la présente sous la figure d'une femme, aux yeux farouches, aux cheveux épars, aux bras nuds et sanglans, vêtue d'une robe souillée, coiffée d'un bonnet rouge, hurlant des chansons obscènes ou sanguinaires. Voilà quelle est la liberté qu'on a personnifiée pour l'offrir aux yeux d'une multitude abusée. Enfin, la licence avec toutes ses horreurs est cette hideuse créature. Ne nous rendons pas plus long-temps complices d'un jugement inique; que la religion de la vraie liberté, de la sage, de la modeste et belle liberté, soit donc relevée, et que tous ceux qui l'ignorent apprennent enfin que les noms des plus vertueux de nos citoyens sont en tête des listes de ses martyrs.

M. de Châteaubriand veut-il savoir comment cette jeune et belle fille parlait au

général Bonaparte du haut de son élo-
quence tribunitienne, lorsque, après Ma-
rengo, il joignait à la puissance, comme premier magistrat de l'état, celle si prestigieuse
de la gloire d'un grand homme? Qu'il ou-
vre le *Moniteur* (1) et qu'il cherche la séance
d'ouverture du tribunat le jour où il fut
transféré au Palais-Égalité. Ce jour-là, un
tribun (2) fit une motion d'ordre pour se
plaindre de ce que le premier consul avait
eu tort d'user de son pouvoir pour dépla-
cer plusieurs locataires dont le tribunat
occupait le logement ; il regardait cet acte
comme arbitraire et s'élevait contre les
formes illégales qui avaient été employées.
Puis il ajoutait en félicitant le tribunat :
« .... Les soldats de la liberté sont placés
» au lieu de son premier triomphe; ce
» lieu où fut arborée la cocarde nationale;
» où, si l'ambition monarchique faisait re-
» paraître des satellites armés contre la li-

---

(1) Mois de nivôse an X.
(2) Je crois que c'est Riouffe.

» berté ; on pourrait rappeler que la liberté
» rangea sous ses drapeaux , jeunes encore,
» les vieux soldats de la monarchie; ce lieu,
» où si l'on osait parler *d'une idole de*
» *quinze jours*, nous rappellerions qu'on vit
» abattre *une idole de quinze siècles.* »